Superare l'alimentazione emotiva e fermare le voglie

Capire le cause delle abbuffate, combattere con successo i disturbi alimentari e trovare il suo peso personale desiderato.

Mario Waldecker

CONTENUTI

Cosa può aspettarsi da questo libro

Mangiare e le emozioni - si starà chiedendo quale sia il collegamento. Potrebbe non essere immediatamente evidente per tutti, ma per molte persone le emozioni sono strettamente legate al loro comportamento alimentare. Sia in modo consapevole che inconsapevole, l'alimentazione emotiva regolare spesso porta a un alto livello di sofferenza per chi ne è affetto. L'alimentazione emotiva di solito si manifesta sotto forma di frustrazione o di stress - in altre parole, mangiare è un modo per compensare una sensazione negativa. Questo può portare a un forte aumento di peso e a disturbi alimentari, motivo per cui l'alimentazione emotiva non deve essere sottovalutata.

Ha notato segni di alimentazione emotiva in lei o in un suo familiare? Allora è arrivato nel posto giusto. Questa guida si propone di informarla ed educarla sul tema dell'alimentazione emotiva, perché la consapevolezza è essenziale per il cambiamento. Imparerà anche cosa può fare da casa se è affetto da alimentazione emotiva e desidera cambiare il suo comportamento alimentare. Imparerà a comprendere le connessioni tra il suo corpo e la sua psiche e acquisirà una nuova prospettiva sulle sue abitudini alimentari. Che ne sia affetto lei stesso o un parente, che soffra di abbuffate incontrollabili o che tenda a mangiare troppo poco, qui imparerà a valutare e ad affrontare il suo comportamento alimentare. Continui a leggere e faccia il primo passo verso il cambiamento.

Che cos'è l'alimentazione emotiva?

UNA SPIEGAZIONE

Cibo ed emozioni - due termini che all'inizio sembrano non avere nulla a che fare l'uno con l'altro, ma per molte persone queste cose apparentemente non correlate sono strettamente intrecciate. Tristezza, stress, rabbia: nella nostra vita ci troviamo spesso di fronte a queste emozioni negative e molte persone ricorrono regolarmente all'alimentazione emotiva per controllarle meglio. In parte consapevolmente e in parte automaticamente per un'abitudine profondamente radicata, cerchiamo di migliorare il nostro stato emotivo mangiando. Una discussione con il suo partner e si consola con una tavoletta di cioccolato, una giornata stressante al lavoro con colleghi poco amichevoli e una pizza la sera per compensare. Chi non ha mai vissuto questa esperienza?

Mangiare emotivo significa quindi che un'emozione negativa viene compensata mangiando cibo. Le persone cercano aiuto e conforto nell'assunzione di cibo, per cui mangiare diventa una forma di auto-terapia. In questo caso, il cibo non serve esclusivamente come fonte di energia per il corpo, ma piuttosto come stimolante emotivo. Tuttavia, il mangiare emotivo non si riferisce solo al fenomeno del cosiddetto *mangiare per frustrazione*, cioè secondo il principio *"mi sento male, quindi vorrei almeno mangiare qualcosa di gustoso come consolazione"*, ma le emozioni e il cibo possono anche essere collegati positivamente. In questo caso, si sa che *quando mangio questo o quel cibo, mi sento bene.* L'alimentazione emotiva spesso si verifica in modo del tutto indipendente dalla reale sensazione di fame o di sazietà, per cui il cibo viene consumato anche se il corpo è in realtà sufficientemente rifornito di nutrienti per il momento. I segnali naturali del corpo vengono quindi deliberatamente ignorati o semplicemente non riconosciuti e il ritmo biologico viene interrotto. Nella maggior parte dei casi, gli alimenti particolarmente calorici vengono poi consumati sotto forma di spuntini tra i pasti principali. Questo perché l'alta densità energetica di questi alimenti provoca un sapore molto intenso in bocca. Questo stimolo maschera la sensazione sgradevole per un po' e fa sentire meglio. Questo è uno dei principali fattori alla base dell'effetto stimolante del cioccolato nei momenti di stress.

Non esiste ancora una definizione ufficiale di alimentazione emotiva e il fenomeno non è riconosciuto come quadro clinico di un disturbo mentale. Tuttavia, l'alimentazione emotiva può mettere a rischio la salute fisica e mentale. In casi estremi, può portare a un grave aumento di peso e a disturbi alimentari.

COME È NATO IL FENOMENO?

Molte persone compensano uno squilibrio emotivo mangiando. Questo perché la maggior parte delle persone associa il cibo a qualcosa di positivo e gratificante. Le origini di questo fenomeno risalgono a molto tempo fa e iniziano nell'infanzia. Quando un bambino piange, si avvicina al seno e viene nutrito. Allo stesso tempo, viene tenuto amorevolmente in braccio e quindi riceve anche una vicinanza fisica. Questa interazione porta a una sensazione di comfort e sicurezza, che fa sì che il nostro corpo rilasci gli ormoni della felicità. Inoltre, il latte materno contiene già dei polisaccaridi.

Ecco perché anche i bambini associano il sapore dolce e zuccherino a qualcosa di piacevole. Questa è la prima associazione positiva con il cibo. Inoltre, i bambini vengono spesso premiati con un dolce o puniti se non mangiano un determinato alimento. Ad esempio, molti bambini ricevono un lecca-lecca per un comportamento particolarmente educato, oppure ricevono un dessert solo quando hanno finito il loro piatto.

Un altro schema classico è che i genitori calmano il bambino a breve termine dandogli qualcosa da mangiare. Al contrario, i bambini non ricevono il dessert se hanno fatto qualcosa di sbagliato o non hanno finito di mangiare. Il nostro comportamento alimentare è quindi modellato da una moltitudine di esperienze di apprendimento che variano individualmente e di solito ha radici profonde nel nostro subconscio. Sebbene i modelli di pensiero individuali e i processi di apprendimento differiscano da persona a persona, hanno un fattore in comune: la connessione tra emozione e cibo.

L'assunzione di cibo nel contesto di determinati sentimenti non è un concetto nuovo. Già all'inizio del XX secolo, il tema dell'alimentazione emotiva è stato discusso in modo dimostrabile nella letteratura scientifica e psichiatrica. Lo stress è sempre stato il fattore scatenante numero uno per mangiare contro la sensazione di fame. Nella società di oggi, essere stressati ha solitamente una connotazione negativa. Tuttavia, la sensazione di stress in quanto tale è un meccanismo che si è sviluppato nel corso dell'evoluzione ed era essenziale per la sopravvivenza. Quando siamo stressati, viene rilasciato l'ormone dello stress, il cortisolo. Questo porta al blocco delle aree del cervello responsabili del comportamento cosciente. Di conseguenza, il tronco cerebrale, che agisce in modo impulsivo e istintivo, agisce per primo. Ad esempio, l'istinto riflessivo di fuga non è stato bloccato da pensieri lunghi e deliberati e siamo stati in grado di metterci in salvo più rapidamente da un pericolo, come un animale o un aggressore. Lo stress ha quindi garantito la nostra sopravvivenza.

Anche se oggi non siamo più cacciati dagli animali selvatici, sperimentiamo ancora lo stress, solo in una forma diversa. Le situazioni di stress possono essere innescate dalla pressione del tempo, dalla pressione per ottenere risultati o da problemi relazionali, per esempio. I fattori scatenanti dello stress sono cambiati, ma non l'effetto che lo stress ha su noi esseri umani. Alcune parti del cervello sono ancora bloccate e il tronco encefalico ha ancora il sopravvento, quindi tendiamo ad agire d'istinto quando siamo sotto stress. Inoltre, il blocco delle aree cerebrali corrispondenti porta a una riduzione della capacità di percepire alcune sensazioni, tra cui la fame e la sazietà. Quindi, se si è stressati, si è automaticamente più guidati dall'istinto e si ricorre all'alimentazione emotiva senza pensarci troppo, per sentirsi presumibilmente meglio. Tenendo presente questo, di solito mangiamo più snack ad alto contenuto calorico, come patatine, cioccolato o gelatine durante la fase d'esame, per esempio. Un altro esempio è la breve pausa pranzo, inserita tra due appuntamenti, durante la quale si mangia un hamburger unto o un takeaway simile perché si è troppo stressati per fare un pranzo sano. In questi casi, non si mangia solo o per niente perché si sente affamato, ma perché il suo corpo sta segnalando un pericolo e vuole sopravvivere alla situazione minacciosa.

Un altro aspetto è quello di mangiare per noia. Anche se in questo caso non si prova direttamente un'emozione negativa come la paura, la frustrazione o la rabbia, la sensazione di noia può anche portare a una sorta di stress. Insieme alla noia, molte persone sentono un certo vuoto dentro di sé. Questa sensazione di solito ha una connotazione negativa, quindi le persone vogliono riempire questo vuoto. In questo contesto, le persone ricorrono spesso al cibo.

CONTESTO DEL COMPORTA-MENTO ALIMENTARE EMOTIVO

La fame fisica può essere soddisfatta con l'assunzione di cibo, ma non la fame "emotiva" che sta alla base dell'alimentazione emotiva. L'alimentazione emotiva serve come una sorta di soddisfazione sostitutiva e di strategia di compensazione. Un problema di fondo la fa sentire stressata, ma è riluttante ad affrontare il problema reale. Quindi ricorre a una soluzione a breve termine e cerca di sentirsi meglio a livello emotivo mangiando. L'emozione negativa che emerge non viene espressa, ma "ingoiata", poiché la persona ha paura di affrontare il problema generalmente difficile. Questo processo avviene spesso a livello inconscio.

"Avevo paura [di] perché sapevo che c'era un'area in cui avevo presumibilmente messo al sicuro tutto ciò che non volevo sentire", dice Sigrid Lewandowski, che ha lottato per anni contro l'obesità e le abbuffate. Conferma che il cibo le serviva come una sorta di farmaco quando si sentiva male. "Mangiavo per rendermi noiosa, in modo da non dover sentire", dice Lewandowski. "Avevo indossato un'armatura protettiva, non volevo che nessuno si avvicinasse troppo a me [...]".

Maria Sanchez è un operatore non medico per la psicoterapia e si occupa specificamente del tema dell'alimentazione emotiva e dei disturbi alimentari. "Le cause delle emozioni sottostanti sono sopite nel profondo della nostra biografia", spiega. Le carenze emotive delle persone colpite sorgono di solito nell'infanzia e vengono alimentate con il cibo in età molto giovane. Questo modello di alimentazione compulsiva per addormentare le emozioni spiacevoli si instaura quindi in età molto precoce.

Questi schemi di pensiero profondamente radicati portano spesso le persone che ne soffrono a trovarsi in una sorta di circolo vizioso dal quale sembra non esserci via di scampo e, di conseguenza, vengono appresi sempre nuovi schemi di pensiero negativi relativi al cibo. Molte persone che soffrono di abbuffate ricorrenti aumentano di peso nel tempo e poi cercano di liberarsi di questo peso con l'aiuto di varie diete. Questo è accompagnato dallo schema di pensiero *"Per essere magro e perdere peso, devo avere me stesso sotto controllo"*. Poiché in questo caso l'alimentazione emotiva è accompagnata da abbuffate incontrollate, è qui che nasce la prima contraddizione e la lotta contro se stessi. A causa delle emozioni negative, si mangiano cibi ipercalorici contro la sensazione di fame e al di fuori dei

pasti regolari. In seguito, la persona interessata si ac-
cusa di aver ceduto alle voglie e di non avere sufficiente
disciplina. Questa autocritica negativa danneggia la fiducia e l'autostima a lungo termine e si aggiunge alle
emozioni negative già presenti. Di conseguenza, la persona colpita tende a compensare la frustrazione e lo
stress con il cibo. La maggior parte delle persone colpite descrive questo processo quando parla della prop-
ria esperienza di alimentazione emotiva.

Diversi schemi di pensiero fanno sì che sembri
quasi impossibile cambiare il proprio rapporto con il
cibo e quindi controllare il comportamento alimentare.
Chi ne è affetto, quindi, di solito ha l'impressione di
aver perso il controllo.

ALIMENTAZIONE EMOTIVA NEI BAMBINI E NEGLI ADOLESCENTI

Secondo uno studio dell'Università del Michigan, l'alimentazione emotiva a volte inizia già all'età di quattro anni. L'alimentazione legata allo stress in età così giovane favorisce i disturbi alimentari e l'obesità in età avanzata. Lo studio ha dimostrato che mangiare senza fame è anche direttamente collegato all'aumento dei livelli di stress nei bambini. Questo stress si presenta sotto forma di un ambiente domestico caotico e di esperienze negative come la violenza o la povertà, che portano a traumi nella prima infanzia. Nell'ambito dello studio, i ricercatori hanno intervistato circa 200 bambini provenienti da famiglie meno abbienti tra il 2009 e il 2015. Hanno analizzato i livelli di stress e le abitudini alimentari dei bambini.

I risultati hanno mostrato che i bambini provenienti da ambienti a basso reddito hanno maggiori probabilità di subire violenza nel loro ambiente immediato o di avere una mancanza di cibo. È stato dimostrato che questi aspetti hanno un impatto sulla salute e sul comportamento dei bambini, comprese le loro abitudini alimentari. "I bambini più stressati mangiavano di più anche senza essere affamati quando provavano sentimenti forti, come riferito dai loro genitori", ha detto Alison Miller, professore dell'Università del Michigan. "È importante riconoscere se i bambini piccoli mangiano per far fronte allo stress". È quindi essenziale per i genitori distinguere se il bambino mangia per una sensazione di fame o come metodo di compensazione. Miller sottolinea che i pediatri dovrebbero prestare particolare attenzione a questo aspetto durante le visite di controllo e parlare anche di argomenti come l'alimentazione e le risorse finanziarie.

Non tutti i bambini che manifestano un comportamento alimentare emotivo hanno automaticamente subito esperienze negative nell'ambiente familiare. Molti adolescenti con disturbi alimentari provengono da famiglie protette e finanziariamente stabili e le cause del loro comportamento alimentare non sono sempre spiegabili. Tuttavia, ci sono alcune cose a cui lei, in qualità di genitore o tutore, può prestare attenzione fin dalla più tenera età, al fine di prevenire l'alimentazione emotiva. Una dieta equilibrata e sana è essenziale. Lo zucchero, in particolare, deve essere controllato. Naturalmente, è legittimo dare a suo figlio dei dolci di tanto in tanto, ma presti attenzione alle condizioni in cui lo fa. Eviti di utilizzare i prodotti alimentari per calmare o confortare suo figlio. Questo rafforzerà il modello di pensiero "*Se mangio, mi sento meglio*" fin dalla più tenera età e il bambino sarà più incline a un comportamento alimentare emotivo più avanti nella vita.

Se lei stesso soffre di alimentazione emotiva o di comportamenti alimentari vistosi, cerchi di non mostrarlo a suo figlio. Si faccia aiutare per tempo per tenere sotto controllo il problema. Come genitori, avete automaticamente una funzione di modello importante per i vostri figli. Se i bambini osservano in giovane età che un genitore presta molta attenzione al cibo e al peso, è molto probabile che questo venga trasferito al bambino. In ogni situazione, dia a suo figlio la sensazione che va bene essere come sono. Anche se sta già osservando un comportamento alimentare vistoso, che può essere accompagnato da un aumento di peso, non dia la colpa a suo figlio. Anche con i bambini piccoli, parli con loro e scopra come può aiutarli al meglio.

In casi estremi, se sospetta che suo figlio soffra di un disturbo alimentare o teme che la sua salute sia a rischio, deve cercare un aiuto professionale. È importante ricordare che come genitori non sapete tutto di vostro figlio e non potete controllare tutto. Quindi, si astenga dall'attribuire colpe e non cerchi ossessivamente la colpa in se stesso. Molti bambini e adolescenti nascondono deliberatamente cose alla famiglia e agli amici in relazione all'alimentazione emotiva. Soprattutto nell'adolescenza, quando il bambino va a scuola e si incontra regolarmente con gli amici, è molto difficile per i genitori o i tutori tenere sotto controllo il comportamento alimentare del figlio. Quindi non si colpevolizzi, ma si concentri sull'aiutare e sostenere suo figlio.

Disturbi alimentari come conseguenza dell'alimentazione emotiva

Ha l'impressione che la sua vita giri solo intorno al cibo e che l'assunzione di cibo determini la sua vita quotidiana? Ha notato che cerca regolarmente di compensare le emozioni negative con il cibo? Se il pensiero del cibo e delle calorie diventa un compagno costante e influenza la sua vita quotidiana, l'alimentazione emotiva può trasformarsi in un disturbo alimentare.

Un disturbo alimentare è una malattia mentale in cui il rapporto di una persona con il cibo e il proprio corpo è disturbato. Esistono varie forme di disturbi alimentari, ma in più della metà dei casi si presentano in forma mista. In alcuni casi, può esserci una certa tendenza a sviluppare un disturbo alimentare a causa di una predisposizione generale ai disturbi mentali. Ciò è causato, ad esempio, dalla presenza di malattie mentali in famiglia, da esperienze di abusi sessuali, da altri traumi o da un'immagine negativa di sé e dal sovrappeso da bambini.

Va notato che non tutte le persone che mangiano troppo o perdono peso con l'aiuto di una dieta hanno un disturbo alimentare. Non tutte le persone che presentano i sintomi di un comportamento alimentare disordinato hanno automaticamente un disturbo alimentare. Tuttavia, un comportamento vistoso in relazione all'alimentazione, eventualmente con l'aggiunta di altri fattori, può essere alla base di un disturbo alimentare. Il passaggio da un comportamento alimentare vistoso e da un'alimentazione emotiva a un comportamento alimentare patologico è spesso molto graduale e difficile da notare per chi ne è affetto. Quindi, se nota che qualcosa non va nel suo comportamento alimentare e sta investendo una quantità sproporzionata di energia nel controllare le sue abitudini alimentari, risponda alle seguenti dodici domande. Più domande rispondono in modo affermativo, più è probabile che lei soffra di un disturbo alimentare.

Questo non è inteso come un sostituto di una diagnosi professionale, ma solo come uno strumento per aiutarla ad affrontare il tema da sola.

1. Ha l'impressione che i suoi pensieri ruotino costantemente intorno al cibo?

2. Questi pensieri influenzano la sua vita quotidiana e la sua routine giornaliera?

3. Fa spesso paragoni tra il suo aspetto e il suo corpo e gli altri?

4. Controlla spesso il suo peso?

5. Conta le calorie?

6. Si vergogna del suo comportamento alimentare?

7. Soffre di abbuffate ricorrenti?

8. Si sta isolando dai suoi contatti sociali?

9. Tiene un registro di ciò che mangia e quando, e di quante calorie consuma?

10. Nota in sé dei tratti depressivi?

11. Ha notato un collegamento tra il suo stato d'animo e la quantità di cibo che mangia?

12. A volte sente il bisogno di vomitare dopo aver

mangiato?

Se ora sospetta di soffrire di un disturbo alimentare, dovrebbe cercare aiuto. Molte persone sottovalutano la prevalenza dei disturbi alimentari e si sentono sole di fronte a questo problema. Ogni 1.000 persone, circa 30-50 soffrono di un disturbo alimentare, anche se questo è solo il numero di casi ufficialmente diagnosticati, quindi il numero di casi non dichiarati è probabilmente molto più alto. Quindi non è affatto sola con il suo problema, anzi. A causa della sua diffusa prevalenza, oggi esistono numerosi modi per cercare aiuto.

Se non sente di potersi confidare con un parente, un gruppo di auto-aiuto adeguato è una buona alternativa. Esistono gruppi di auto-aiuto specializzati in disturbi alimentari specifici, come la bulimia o il disturbo da binge eating, oppure gruppi che trattano il tema del comportamento alimentare disordinato in generale. Esistono anche gruppi per i familiari, poiché anche per loro può essere difficile e doloroso quando una persona cara soffre di un disturbo alimentare. Il vantaggio principale di un gruppo di auto-aiuto è l'anonimato. Molti malati sono troppo inibiti per affrontare l'argomento con una persona fidata, come gli amici, i familiari o persino il medico di famiglia. In un gruppo di auto-aiuto, incontrerà persone che si trovano nella sua stessa situazione o in una situazione simile. In queste condizioni, di solito è più facile parlare apertamente dell'argomento e mettere da parte i sentimenti di vergogna. Tuttavia, è importante sottolineare che, sebbene le visite regolari a un gruppo di auto-aiuto possano essere un grande aiuto aggiuntivo per i pazienti prima, durante e dopo la terapia, non sostituiscono la terapia.

Se soffre di un disturbo alimentare acuto, la sua salute mentale e fisica è a rischio, quindi dovrebbe sempre cercare un aiuto professionale. Una volta che l'alimentazione emotiva è passata allo stadio di disturbo alimentare, raramente le persone colpite possono affrontare il problema da sole. Esistono numerose forme di terapia per tenere sotto controllo i disturbi alimentari. La cosa migliore è iniziare a contattare il suo medico di famiglia, che la indirizzerà a uno specialista appropriato. Con questo specialista, potrà personalizzare la terapia in base alle sue esigenze.

ABBUFFATE E BULIMIA

Se l'alimentazione emotiva si manifesta sotto forma di abbuffate regolari, in cui si consumano enormi quantità di cibo in un breve periodo di tempo, si parla di disturbo da binge eating. Binge eating è un termine inglese che indica la sovralimentazione. Ciò significa che le persone colpite sono dipendenti dal cibo e smettono di abbuffarsi solo quando hanno dolori allo stomaco o si sentono male.

Le persone colpite hanno la sensazione di non riuscire più a smettere di mangiare e di aver perso il controllo su cosa e quanto mangiano. Se il cibo ingerito viene rilasciato di nuovo dopo l'abbuffata, inducendo artificialmente il vomito, si parla di bulimia, o disturbo da abbuffata. Le bulimiche cercano anche di compensare il consumo eccessivo di calorie assumendo farmaci o facendo un esercizio fisico eccessivo.

Questo non è solitamente il caso di chi soffre di abbuffate. A parte questo, però, i sintomi dell'abbuffata e della bulimia sono simili. Il binge eating è una malattia ancora molto giovane. Il binge eating è stato riconosciuto come disturbo mentale dal 1994 ed è il disturbo alimentare più comune. La bulimia, invece, è stata riconosciuta come disturbo alimentare e quindi come disturbo mentale fin dai primi anni Ottanta. Le abbuffate eccessive sono solitamente accompagnate da un senso di vergogna e di colpa, motivo per cui molte persone che soffrono di disturbo da abbuffata si sentono disgustate con se stesse dopo le abbuffate.

Il comportamento alimentare tra gli attacchi varia da caso a caso. Alcune persone tendono a mangiare troppo anche in quel momento, mentre altre cercano di regolare il loro comportamento alimentare tra un attacco e l'altro con l'aiuto di diete. Inoltre, le abbuffate di solito si verificano in segreto e non in compagnia. Di conseguenza, le persone colpite da abbuffate o bulimia spesso si isolano sempre di più e trascurano i loro contatti sociali. Anche i problemi finanziari possono essere innescati dalle abbuffate ricorrenti, poiché è necessario acquistare una quantità di cibo superiore alla media. La maggior parte delle persone che soffrono di binge eating o di disturbo da binge eating presenta anche sintomi depressivi. Ciò è dovuto principalmente all'isolamento, che può portare alla solitudine. Le persone affette da binge eating, in particolare, aumentano di peso a causa delle abbuffate ricorrenti. Questo comporta una bassa autostima e un aumento del senso di colpa o di vergogna.

Fondamentalmente, il background dell'abbuffata e della bulimia corrisponde a quello dell'alimentazione emotiva, in quanto i quadri clinici rappresentano una forma estrema di alimentazione emotiva. Tuttavia, non è sempre facile tracciare una linea chiara tra l'alimentazione emotiva e le abbuffate o la bulimia. È importante fare una chiara distinzione tra abbuffate e sovralimentazione. Viviamo in una società di consumo in cui il cibo è disponibile in abbondanza. Ciò significa che la maggior parte delle persone ha spesso mangiato in eccesso perché aveva un buon sapore e perché c'era ancora abbastanza cibo a disposizione. In questo caso, si parla di sovralimentazione, anche se non si tratta di un disturbo alimentare. La differenza rispetto al binge eating è che le persone non provano piacere durante un disturbo da binge eating.

Sentono una pressione intrinseca che li costringe a mangiare grandi quantità di cibo in un breve lasso di tempo contro la loro volontà. Questo è accompagnato da un alto livello di sofferenza e l'assunzione di cibo è presumibilmente involontaria. Invece del piacere, le persone colpite provano vergogna, disgusto e senso di colpa. Anche le persone che in genere attribuiscono grande importanza alla regolazione del peso corporeo e cercano regolarmente di perdere peso tendono a soffrire di abbuffate. Queste si verificano come reazione a lunghi periodi di digiuno o a una rigida regolazione dell'apporto calorico. Se soffre di abbuffate ricorrenti e poi vomita regolarmente, c'è un'alta probabilità che soffra di bulimia. Il vomito indotto artificialmente non è in alcun modo un comportamento sano, né fisicamente né mentalmente.

Oltre al disagio mentale, il vomito frequente comporta un rischio elevato per la salute del suo organismo. Le possibili conseguenze includono infiammazioni o lacerazioni dell'esofago, ulcere gastriche, costipazione, disidratazione e aritmia cardiaca. Quindi, se riconosce in sé dei sintomi che indicano la bulimia, si rivolga a un professionista il prima possibile. Il disturbo da alimentazione incontrollata è spesso più difficile da diagnosticare. Se non è sicuro di essere affetto da disturbo da binge eating, i seguenti criteri possono aiutarla:

Per avere una diagnosi di binge eating, deve verificarsi un'abbuffata incontrollabile di cibo almeno una volta alla settimana nell'arco di tre mesi. Inoltre, gli episodi di abbuffata sono incontrollabili e compulsivi, tanto che la persona colpita non può smettere di mangiare al momento dell'episodio. Alcuni malati descrivono esperienze extracorporee in cui possono vedersi durante un attacco alimentare come dall'esterno e si rendono conto che il loro comportamento è patologico e malsano. Tuttavia, si sentono obbligati a mangiare di più e non riescono a smettere di mangiare. Alcune persone che soffrono di disturbo da binge eating riferiscono di situazioni in cui la malattia si manifesta sotto forma di una voce che le esorta a continuare. Questo porta a una sorta di discussione mentale tra "angeli e diavoli". In quasi tutti i casi, le persone affette riconoscono che si stanno danneggiando con il loro comportamento, ma continuano a mangiare.

Inoltre, l'alimentazione di tipo convulsivo è accompagnata da almeno tre dei sintomi qui elencati.

1. Le persone mangiano in isolamento, senza compagnia, poiché la quantità di cibo consumato è accompagnata da un forte senso di vergogna.
2. Il cibo viene consumato a un ritmo molto più elevato del normale.
3. Dopo aver mangiato troppo, sorgono sentimenti di disgusto e di colpa verso se stessi.
4. Si mangiano quantità molto elevate di cibo, anche se non si avverte la fame.
5. Si mangia fino a quando non si avverte una sgradevole sensazione di pienezza, che porta a dolori addominali e nausea.

Il disturbo da alimentazione incontrollata e la bulimia sono disturbi mentali, quindi i sintomi della depressione e i segni di altri disturbi spesso li accompagnano.

Tra il 20 e il 30 percento delle persone che hanno una dipendenza dall'alimentazione o dalle abbuffate, presentano anche uno o più disturbi affettivi. Questi includono depressione, mania e disturbo bipolare. Circa il 20 percento delle persone colpite presenta anche un disturbo d'ansia.

I seguenti sintomi accompagnano spesso le abbuffate e la bulimia:

- Stanchezza, pigrizia
- Irritabilità
- Ansia, attacchi di panico
- svogliatezza, apatia
- Disturbi del sonno
- Pianto apparentemente immotivato
- Diminuzione dell'interesse sessuale.

Da un lato, il binge eating e la bulimia possono presentarsi in forma mista, per cui chi ne soffre mostra i sintomi di entrambi i disturbi, dall'altro, entrambi i quadri clinici possono anche manifestarsi in concomitanza con altri disturbi alimentari, come l'anoressia. Nella maggior parte dei casi, tuttavia, le abbuffate non si verificano in parallelo con altri disturbi alimentari. In questi casi, le abbuffate non sono accompagnate da altri modelli comportamentali compensativi, come il vomito intenzionale o l'esercizio fisico compulsivo.

Anche con le conoscenze teoriche sull'alimentazione emotiva e sui sintomi dell'abbuffata e della bulimia, a volte può essere molto difficile valutare se si soffre di uno di questi disturbi o di una forma mista. Soprattutto se si trova nella situazione in prima persona, è difficile valutare chiaramente il proprio comportamento. Dato che la ricerca di un secondo parere è un passo importante per molte delle persone colpite e costa alla maggior parte di loro un grande sforzo, qui ha l'opportunità di affrontare l'argomento da solo. Il compito può sembrare semplice, ma può essere il primo passo verso una nuova direzione per lei.

Se necessario, si ponga prima le seguenti domande e risponda onestamente:

1. Ha regolarmente episodi di abbuffate e sente di non riuscire a smettere di mangiare?

2. Mangia più velocemente del solito durante le crisi epilettiche?

3. Gli episodi di abbuffata si verificano una o più volte alla settimana per un periodo di tre mesi?

4. Le crisi epilettiche provocano sensi di colpa?

5. A volte prova odio verso se stesso?

6. Smette di mangiare quando si sente sazio?

7. È felice di sé e del suo corpo?

8. Riesce a distinguere tra fame e appetito?

9. Vomita il cibo che ha mangiato dopo le abbuffate?

10. Compensa l'elevato apporto calorico assumendo lassativi o facendo eccessivo esercizio fisico?

Se tende a rispondere sì alle prime cinque domande e no alle successive, è più probabile che soffra di disturbo da alimentazione incontrollata. Se risponde sì anche alle domande 9 e 10, è molto probabile che soffra di bulimia.

Si riconosce nelle descrizioni di cui sopra e molti dei sintomi menzionati si applicano a lei? Il risultato dell'autotest è più favorevole al disturbo da abbuffata? Se l'abbuffata emotiva è già progredita fino a trasformarsi in un disturbo da binge eating o in una dipendenza da binge eating, la maggior parte di coloro che ne soffrono trovano molto difficile migliorare la situazione da soli.

L'abbuffata e la bulimia sono più comuni di quanto molti si rendano conto, quindi non è sola in questa situazione. Per questo motivo, ci sono numerosi punti di contatto a cui può rivolgersi che offrono opzioni personalizzate per aiutarla. In primo luogo, è consigliabile rivolgersi al suo medico di famiglia, in quanto lo conosce già e ha una certa fiducia in lui. In primo luogo, la visiterà fisicamente per escludere qualsiasi causa fisica delle voglie alimentari. Se necessario, la indirizzerà a uno specialista. I pazienti affetti da binge-eating e bulimia sono trattati in regime di ricovero o ambulatoriale, a seconda del grado del disturbo. Se il disturbo causa problemi fisici o psicologici significativi, si consiglia il ricovero in ospedale. Tuttavia, ci sono anche casi in cui il trattamento ambulatoriale è sufficiente. In entrambi i casi, la terapia è finalizzata a educare le persone interessate al quadro clinico.

Il primo passo consiste nel riconoscere il proprio comportamento alimentare come un quadro clinico e quindi nel togliere la colpa a se stessi. Gli schemi di pensiero negativi in relazione al cibo e al suo corpo vengono smontati e modificati. L'obiettivo è migliorare il rapporto con se stesso e con il proprio aspetto e aumentare l'autostima. Nel corso di questo percorso, è importante portare le abitudini alimentari a un livello equilibrato e integrare l'attività fisica nella vita quotidiana. L'obiettivo è portare l'IMC, o indice di massa corporea, a un livello sano e stabile. Se è affetto da questa patologia, inizialmente può sembrare impossibile apportare questo cambiamento nella sua vita. Tuttavia, se decide di sottoporsi alla terapia, avrà al suo fianco terapeuti e nutrizionisti che la guideranno passo dopo passo.

Anka ha 23 anni e lavora come educatrice. Ha sofferto di disturbo da alimentazione incontrollata per tre anni, finché non ha deciso di cercare aiuto. Si è rivolta al suo medico di famiglia, che l'ha indirizzata a uno psicologo. Anka ha iniziato una terapia in regime di ricovero, che comprendeva sessioni individuali e di gruppo, nonché terapia di danza e pittura, lezioni di cucina e consulenza nutrizionale. Secondo Anka, dal 2018 ha un rapporto sano con il cibo, senza abbuffate. Le piace molto fare esercizio fisico e si sta formando per diventare insegnante di yoga. Lei stessa dice che le è servito un certo sforzo per fare il passo e andare dal suo medico di famiglia. Quello che è seguito è stato tutt'altro che facile, ma lei dice che è stata la decisione migliore della sua vita. Senza l'aiuto di un professionista, ritiene che non sarebbe stata in grado di tenere sotto controllo il suo problema. Per ispirare altri malati e incoraggiarli nel loro percorso, parla apertamente del suo passato di disturbo da alimentazione incontrollata in un podcast intitolato *La mia vita ha un peso* e sui social media.

SOVRAPPESO E OBESITÀ

Poiché la maggior parte delle persone affette da disturbi emotivi dell'alimentazione consuma cibi ipercalorici, particolarmente ricchi di zuccheri e grassi, spesso ingrassa dopo un po'. La maggior parte delle persone colpite non si sente a proprio agio e vuole perdere di

nuovo peso. Il rimedio preferito è spesso una dieta. E-
sistono innumerevoli diete diverse, ma poche aiutano
a ottenere una perdita di peso sana e a lungo termine.

In realtà, è vero il contrario, per cui la maggior
parte delle diete finisce per far ingrassare ancora di più.
Il motivo è il cosiddetto *effetto yo-yo*. Ciò significa che
l'organismo si abitua a mangiare molte calorie a causa
delle abbuffate regolari. Se poi la quantità di calorie
viene improvvisamente ridotta di molto, anche la per-
centuale di grasso corporeo inizialmente diminuisce e
la persona perde peso.

Tuttavia, una dieta implica sempre una fine ad un
certo punto, il che significa che il comportamento alimentare cambierà di nuovo. Se si consumano di nuovo
alimenti ricchi di calorie dopo la fase di dieta, significa
che l'organismo deve accumulare riserve di grasso per
prepararsi alla prossima "fase di fame". Il peso corporeo
quindi prima scende e poi sale di nuovo, di solito più
alto rispetto all'inizio della dieta. Molte persone colpite
vivono per anni alternando la dieta a un'eccessiva assunzione di calorie e quindi aumentano sempre di più
di peso. Questo può portare al sovrappeso e persino
all'obesità.

L'indice di massa corporea (BMI) serve come guida
per verificare se il suo peso corporeo rientra

nell'intervallo normale. Calcola il rapporto tra il suo peso corporeo e la sua altezza, età e sesso. Il risultato è una misurazione che indica se lei è sottopeso, normopeso o sovrappeso. Ci sono molti siti diversi su Internet che offrono un calcolatore BMI gratuito. Poiché non vengono presi in considerazione né la statura né la composizione corporea individuale del tessuto adiposo e muscolare , l'IMC è solo una guida approssimativa. Va inoltre sottolineato che non si tratta di ideali visivi di bellezza o del peso corporeo perfetto, ma della salute di una persona.

Il sovrappeso non è solo un peso mentale per la maggior parte delle persone colpite, ma può anche portare a problemi di salute a livello fisico. Il sovrappeso e l'obesità possono causare una serie di malattie secondarie, con quasi tutti gli organi potenzialmente interessati. Queste includono malattie metaboliche, come il diabete di tipo 2 o la gotta, l'artrosi, cioè l'usura delle articolazioni, o le malattie dirette degli organi, ad esempio dei reni, del fegato o della cistifellea. Possono verificarsi anche gravi malattie del sistema cardiovascolare, che possono portare a fibrillazione atriale, ipertensione (pressione alta) o ictus, per esempio.

Negli uomini, l'obesità estrema può potenzialmente portare all'infertilità. In media, otto persone su

100 di peso normale svilupperanno il diabete di tipo 2, mentre la cifra è di 22 su 100 per le persone in sovrappeso e 57 per quelle affette da obesità. Il sovrappeso e l'obesità comportano quindi una riduzione dell'aspettativa di vita a lungo termine. Oltre alle limitazioni fisiche quotidiane in termini di libertà di movimento, le persone obese soffrono spesso di stigmatizzazione, esclusione e ostilità. Questo, a sua volta, porta a un calo ancora maggiore dell'autostima e a un aumento dello stress. Questo aumenta il rischio di altre malattie mentali. Nella maggior parte dei casi, queste assumono la forma di disturbi d'ansia e depressione. Quasi tutte le persone la cui obesità è scatenata dall'alimentazione emotiva soffrono anche di disturbo da abbuffata. Chi ne è affetto, quindi, si ritrova ripetutamente nella spirale negativa del tentativo di combattere lo stress causato dal peso in eccesso con le abbuffate.

Due terzi degli uomini tedeschi e circa la metà delle donne in Germania sono in sovrappeso (dati aggiornati al 2017). Al giorno d'oggi, l'obesità è un fenomeno diffuso in tutto il mondo e non sempre significa automaticamente che la salute mentale o fisica sia a rischio. Tuttavia, un forte aumento di peso è spesso causato da un comportamento alimentare emotivo, ossia da un problema a livello emotivo. Alle persone particolarmente in sovrappeso o che presentano sintomi legati all'obesità si consiglia di verificare regolarmente con il proprio medico se e, in caso affermativo, in che misura la loro salute fisica è a rischio. In molti casi, tuttavia, le abbuffate e l'obesità sono dipendenti l'una dall'altra, il che significa che anche l'obesità grave raramente può essere curata senza una forma di psicoterapia. È quindi consigliabile, come già detto nel contesto del disturbo da abbuffata, cercare un aiuto psicologico professionale anche in questo caso.

"Non mi sentivo più sazia. Potevo mangiare, mangiare e mangiare. Il mio corpo non mi diceva più quando era sazio". Miriam ha 32 anni e ha sofferto di obesità per molto tempo. Ha iniziato ad aumentare costantemente di peso già durante la pubertà. Come la maggior parte delle persone colpite, ha cercato di contrastare questo problema con varie diete, ma è finita nel classico circolo vizioso di perdere e guadagnare peso. Miriam descrive anche il cibo come un conforto che a volte l'ha resa più felice.

"A un certo punto mi sono arresa e ho pensato: probabilmente sono solo una persona in sovrappeso. Non ci si può fare nulla". Ha vissuto con questa convinzione per diversi anni, ma poi si sono sviluppati dei sintomi fisici dovuti al sovrappeso. Miriam ha sofferto di pressione alta e di dolori alle articolazioni. Ha deciso di cambiare. Il suo primo passo è stato quello di unirsi a un gruppo di auto-aiuto, dove avrebbe potuto parlare con persone in situazioni simili.

Ha quindi deciso di partecipare al cosiddetto *concetto multimodale.* Questa terapia combina l'esercizio fisico e lo sport con la terapia nutrizionale e il supporto psicologico. L'obiettivo del programma è ridurre il peso corporeo e passare a uno stile di vita più sano. Il programma ha aiutato Miriam a perdere peso e a cambiare il suo stile di vita, ma sapeva che non sarebbe stata in grado di mantenere un approccio così disciplinato alla sua vita quotidiana a lungo termine. Dopo molte consultazioni, ha deciso di sottoporsi a un'operazione per ridurre le dimensioni dello stomaco. Un intervento del genere comporta molti rischi e non dovrebbe essere intrapreso con leggerezza, ma è stata la decisione migliore per Miriam. È riuscita a ridurre il suo peso corporeo di 50 chili e a portarlo a un livello sano. Ha anche reimparato cosa significa avere fame e sazietà. Miriam dice che "la testa non viene operata altrettanto bene". Oltre all'assistenza fisica, anche l'assistenza psicologica è molto importante durante l'operazione, poiché i disturbi alimentari sono principalmente una malattia mentale. Miriam sottolinea quanto sia importante essere proattivi nell'affrontare l'obesità e la perdita di peso e voler cambiare qualcosa.

Il gruppo di auto-aiuto le è stato di enorme sostegno in questo percorso e ancora oggi mantiene una stretta amicizia con le persone che ne fanno parte. Miriam è riuscita a rendere il suo stile di vita più sano. Ha perso peso, fa regolarmente esercizio fisico e trascorre molto tempo all'aria aperta. Anche la sua fiducia in se stessa è aumentata in modo significativo e mentalmente si sente più esuberante e stabile che mai.

ANORESSIA

I disturbi alimentari hanno molte facce diverse, quindi il comportamento alimentare emotivo può anche andare nella direzione opposta alle abbuffate e all'obesità. Se la persona colpita limita fortemente l'assunzione di cibo per un periodo di tempo più lungo, di solito si verifica un'enorme perdita di peso. La diagnosi è quindi anoressia. Le persone affette da anoressia hanno anche un problema emotivo alla base delle loro abitudini alimentari compulsive - il background è quindi simile a quello del disturbo da abbuffata e della bulimia di cui sopra.

Chi soffre di anoressia limita in modo massiccio l'assunzione di cibo perché vuole mantenere sempre la sensazione di fame. L'obiettivo è consumare meno cibo possibile. Questo è solitamente accompagnato da un conteggio compulsivo delle calorie e da un esercizio fisico eccessivo per stimolare ulteriormente il consumo di calorie. In questo processo, la percezione del proprio corpo diventa sempre più distorta. Il risultato è un enorme sottopeso e, in casi estremi, la morte. Le persone colpite provano lo stesso senso di colpa dopo aver mangiato, come le bulimiche dopo un'abbuffata. La differenza è che le anoressiche provano questa sensazione quasi ad ogni pasto, anche con cibi a basso contenuto calorico e porzioni ridotte. L'anoressia è anche un disturbo mentale e i sintomi che la accompagnano corrispondono a quelli di altri disturbi alimentari. Pertanto, le anoressiche di solito presentano anche sintomi di depressione, ansia e disturbi del sonno e si isolano dai contatti sociali.

L'alimentazione emotiva è il consumo di cibo per motivi emotivi, quindi l'anoressia non rientra direttamente nel quadro. Tuttavia, anche il "non mangiare" emotivo tipico dell'anoressia è un tipo di comportamento alimentare emotivo. Inoltre, i sintomi principali di tutti i disturbi alimentari derivanti dall'alimentazione emotiva sono la perdita di controllo e la compulsione. In alcuni casi, le abbuffate si trasformano in anoressia nel tempo e viceversa. Il cuore della questione è il comportamento alimentare compulsivo in senso estremo, cioè molto o poco. Alcune persone che ne soffrono vanno avanti e indietro tra queste diverse forme di disturbi alimentari per un periodo di anni e quindi soffrono di gravi fluttuazioni di peso e di un elevato livello di stress psicologico.

Contrastare l'alimentazione emotiva - programmi di auto-aiuto per la casa

Ha notato che spesso mangia più del solito quando è stressato e desidera agire contro l'alimentazione emotiva? Ecco alcuni metodi che può utilizzare a casa per modificare il suo comportamento alimentare. Mark Twain ha detto: "Non si può semplicemente gettare un'abitudine dalla finestra; bisogna farla scendere le scale un passo alla volta". Questa immagine può essere applicata anche all'alimentazione emotiva. Gli esseri umani sono creature abitudinarie e ci vuole tempo per cambiare, il che è del tutto naturale. Quindi non si scoraggi se cambiare il suo comportamento alimentare richiede più tempo di quanto pensasse inizialmente. L'importante è raggiungere il suo obiettivo, la velocità non ha importanza. Con un po' di pazienza e disciplina, avrà sicuramente successo.

LA FORMULA P.A.U.S.E.

Per cambiare un comportamento radicato e automatico a lungo termine, è necessaria una struttura chiara. Un approccio in cui si può lavorare attraverso le singole fasi rende più facile il processo di cambiamento. Il fitness coach Mark Maslow ha sviluppato la cosiddetta formula P.A.U.S.E, basata su questa consapevolezza.

Si tratta di cinque fasi:

1. Renda le sue abitudini alimentari PRESENTI.
2. ATTENZIONE agli inneschi.
3. INTERROMPERE i modelli di comportamento negativi.
4. Sostituisca l'alimentazione emotiva con un'alternativa.
5. ETABILIZZA nuovi modelli di pensiero.

Ciascuna di queste fasi è descritta di seguito, in modo che sappia esattamente come procedere.

1. Si renda conto delle sue abitudini alimentari. Uno dei maggiori ostacoli al comportamento alimentare emotivo è che avviene a livello subconscio. Di norma, si mangia semplicemente senza chiedersi cosa si sta mangiando e perché. In questo caso, l'alimentazione frustrante è un modello di comportamento subconscio.

Ciò significa che il suo cervello ha impostato un programma in base al quale agisce automaticamente nella situazione corrispondente. Questo programma è quindi, ad esempio, *"Se è stressato, mangi cioccolato"*. Per poter cambiare le cose, deve prima portarle a livello cosciente.

Ci sono vari modi in cui può vivere il suo comportamento alimentare in modo più consapevole.

In primo luogo, è consigliabile dedicarsi veramente all'alimentazione mentre si mangia. Ciò significa lasciare la televisione spenta e mangiare in tranquillità. Si prenda il tempo necessario ed eviti di mangiare in movimento o tra un pasto e l'altro. Questo la aiuterà ad ascoltare nuovamente il suo corpo e a intensificare l'esperienza del gusto. Ha anche la possibilità di tenere un diario alimentare in cui annota tutti gli alimenti che mangia durante la giornata. Leggere nero su bianco ciò che mangia realmente aiuta molte persone a diventare più consapevoli del proprio comportamento alimentare. Diverse applicazioni per il suo smartphone possono facilitare questo processo.

2. Presti attenzione ai suoi fattori scatenanti. L'alimentazione emotiva può sembrare casuale all'inizio, ma c'è sempre un fattore scatenante in sottofondo. I fattori scatenanti sono del tutto naturali, tutti li abbiamo, e per alcune persone, alcuni fattori scatenanti sono la causa principale dell'alimentazione emotiva. Tali fattori scatenanti appartengono solitamente a una delle seguenti quattro categorie: Sentimenti, Luoghi, Persone ed Eventi.

A questo punto, si ponga la domanda: qual è il suo "bottone" per il comportamento alimentare emotivo? Il seguente elenco contiene i fattori scatenanti più comuni a livello emotivo per l'alimentazione emotiva. Scorra l'elenco e prenda nota dei punti che sono rilevanti per lei. Se necessario, può aggiungere altri fattori.

- Frustrazione
- Solitudine
- Rabbia
- Tristezza
- Sovraccarico
- Preoccupazioni finanziarie
- Stanchezza
- Sovraccarico
- Sentirsi senza valore
- Non sentirsi amati/accettati.

Tuttavia, l'alimentazione emotiva o le abbuffate possono essere scatenate anche da determinate situazioni o luoghi. Dia un'occhiata ai seguenti esempi e analizzi se alcuni di essi si applicano a lei.

- Buffet

- Mangiare in un luogo specifico (cucina, ufficio, da un amico, ecc.).

- Un giorno della settimana/un'ora specifica del mese

- Televisione

- Verrà cucinato per lei.

- Lei sta cucinando per un'altra persona.

- La vista/l'odore del cibo

- Un alimento specifico.

Si è riconosciuto in alcuni dei fattori scatenanti o ha pensato ad altri fattori scatenanti? Ora spunti quelli della sua lista che sono particolarmente difficili da controllare per lei. Questi sono i suoi "cantieri" a cui deve prestare particolare attenzione. Ora ci sono vari modi in cui può evitare e aggirare i suoi fattori scatenanti.

Il trucco più semplice è quello di bandire alcuni alimenti dalla sua casa. La maggior parte delle persone inclini all'alimentazione emotiva si sente scatenata da snack come biscotti, cioccolato e patatine. La regola semplice è: se non c'è, non può essere mangiato. In alcuni casi, è sufficiente tenere il cibo in questione lontano dalla vista. Anche i contatti sociali possono portare a mangiare emotivamente. È consigliabile coinvolgere la sua cerchia più stretta, cioè gli amici e la famiglia. Spieghi loro la sua situazione, in modo che possano sostenerla in modo adeguato. Se si sta avvicinando ad un'interazione sociale che potrebbe portare ad una sovralimentazione o ad un'abbuffata emotiva, è meglio pensare ad una strategia in anticipo. Prenda nota delle situazioni con altre persone in cui perde regolarmente il controllo del suo comportamento alimentare. Poi pensi a un copione fisso per ognuna di queste situazioni, in base al quale agirà.

Ecco alcune domande che possono aiutarla:
Come posso guardare la situazione da una prospettiva diversa?
Che vantaggio ha la situazione per me?
Cosa posso imparare dalla situazione?
Quale nuovo significato posso dare alla situazione?

3. Interrompere i suoi schemi comportamentali negativi. Con l'aiuto delle fasi 1 e 2, ha imparato a praticare la consapevolezza e ad essere più attento quando mangia. Utilizzi questa nuova consapevolezza non solo per riconoscere i suoi modelli di comportamento negativi, ma anche per interromperli in tempo. Se riconosce l'impulso a cui normalmente cede automaticamente, ha già ottenuto molto. Questo è il momento in cui prende

una decisione. Prenda la decisione di farlo in modo diverso questa volta.

Si prenda questo momento di pausa e si ponga le seguenti domande:

Voglio mangiare perché ho fame?

Se non si tratta di una sensazione fisica di fame, perché ora sto pensando al cibo?

Quali sarebbero le conseguenze se cedessi al mio impulso di mangiare?

Quale sarebbe il vantaggio di contrastare il mio impulso a mangiare?

Queste domande le renderanno più facile concentrarsi sull'essenziale quando prenderà la sua decisione. Si renda conto che non si sentirà meglio dopo aver mangiato. La sensazione negativa che sta vivendo non scomparirà dopo il pasto.

4. Sostituisca l'alimentazione emotiva con un'alternativa più sana. Se ha l'impulso di mangiare anche se non ha fisicamente fame, dietro c'è un'emozione. Si chieda di cosa ha veramente "fame" e pensi a come può soddisfarla. Poiché le emozioni umane sono molto individuali, variano anche le possibilità di soddisfazioni alternative. Molti malati trovano utile parlare del loro problema con una persona fidata. Quindi, trovi qualcuno con cui parlare apertamente e avvii un dialogo. Può sembrare molto semplice, ma questo metodo può fare miracoli ed è sottovalutato da molte persone.

Altri modi per contrastare le situazioni di stress e quindi l'alimentazione emotiva sono la meditazione e gli esercizi di respirazione. Questi aiutano a rilasciare gradualmente lo stress accumulato e a ritrovare la concentrazione. Anche il sesso o la masturbazione possono servire come distrazione per evitare di mangiare emotivamente. Per molte persone che sono spesso molto arrabbiate e turbate, lo sport è il metodo preferito. Andare a correre o allenarsi in palestra è molto più salutare che mangiare snack ipercalorici e può fornire una soddisfazione simile. Se non riesce a pensare a un sostituto adeguato, la distrazione è talvolta una strategia migliore. Ad esempio, faccia una passeggiata o si dedichi ad un altro hobby a sua scelta, come la pittura, la musica o simili.

5. Stabilire nuovi schemi di pensiero. Superare questi schemi di pensiero invisibili che sono costantemente in funzione in background è spesso il punto cruciale del superamento del comportamento alimentare emotivo. Non appena li avrà modificati e sovrascritti con altri nuovi, potrà anche apportare cambiamenti duraturi al suo comportamento alimentare. Una volta interiorizzate determinate affermazioni, agirà automaticamente nel modo migliore per la sua mente e il suo corpo.

Questo la aiuterà a evitare le abbuffate emotive senza l'uso mirato della forza di volontà. Qui di seguito troverà quattro diverse affermazioni per aiutarla a iniziare il processo di ripensamento. I modelli di pensiero sono molto personali e può adattarli alle sue esigenze in qualsiasi momento.

1. Il cibo è un materiale da costruzione.
Il cibo serve come materiale da costruzione per il mio corpo. Quando mangio, fornisco al mio corpo i materiali che costituiscono le mie cellule. Quindi io sono ciò che mangio.

2. Il cibo è un carburante.
L'energia a mia disposizione dipende dalla qualità del carburante. Lo fornisco sotto forma di cibo.

3. Il cibo è un nutriente.
Gli alimenti ricchi di nutrienti mantengono il mio corpo in buona salute.

4. Mangiare fa funzionare il metabolismo.
L'assunzione regolare di alimenti ricchi di sostanze nutritive fa sì che il mio metabolismo si attivi e che io viva meglio.

Queste affermazioni mirano a renderla consapevole dello scopo reale del cibo. Nella nostra società consumistica, dove il cibo è disponibile in abbondanza, molte persone perdono di vista il fatto che il cibo è prima di tutto una fonte di nutrienti per il corpo. Con questa consapevolezza, è più facile allontanarsi dal mangiare emotivo, perché fondamentalmente il cibo e le emozioni hanno poco a che fare l'uno con l'altro. Ora è importante non solo leggere questi copioni, ma anche radicarli nel suo subconscio. A questo proposito, ci sono diverse opzioni a sua disposizione.

È consigliabile scrivere l'affermazione che ha scelto e collocarla in un luogo dove possa vederla e leggerla regolarmente, ad esempio sullo specchio del bagno. Un altro metodo di successo è la visualizzazione. Chiuda gli occhi e immagini come reagirebbe in una determinata situazione. È utile anche ripetere regolarmente le convinzioni ad alta voce. Questo le permette di percepirle a tutti i livelli di coscienza e di interiorizzarle meglio. Anche una certa struttura, una sorta di rituale, è utile in questo caso. Ad esempio, può dedicare cinque minuti ogni mattina dopo essersi alzato e ogni sera dopo essere andato a dormire per dire le affermazioni. Lo consideri come un allenamento regolare, perché così come può allenare il corpo, può anche allenare la mente.

Va notato che è del tutto normale mangiare troppo di tanto in tanto o scegliere spuntini presumibilmente non salutari.

Il segreto è farlo in piena consapevolezza e senza sensi di colpa. Mangiare può essere divertente. Mangiare può essere un piacere. L'importante è trovare un sano equilibrio.

SPORT ED ESERCIZIO FISICO

Molte persone associano automaticamente lo sport alla perdita di peso. Diete varie, comportamenti alimentari disciplinati, costringersi a fare esercizio fisico e non riuscire a perdere peso a lungo termine: molte persone si trovano in questa situazione. Lo sport viene quindi visto come un mezzo per raggiungere un fine, un obbligo fastidioso, spesso accompagnato dal pensiero *"Tanto non serve a niente"*.

Sì, se vuole ridurre il suo peso corporeo, deve assicurarsi di fare abbastanza esercizio fisico e di partecipare allo sport, ma le sessioni di esercizio fisico regolare possono fare molto di più. Diversi studi hanno dimostrato che lo sport contribuisce al benessere mentale. Quando il corpo si muove, il cervello riceve una migliore irrorazione sanguigna e, tra le altre cose, vengono rilasciate serotonina, dopamina ed endorfine. Questi ormoni aiutano a ridurre lo stress e l'ansia. Lo sport ha quindi un effetto positivo sull'umore, migliora le prestazioni mentali e inibisce la percezione del dolore. L'esercizio fisico viene quindi utilizzato con successo per combattere malattie mentali come la depressione, i disturbi d'ansia e il burnout.

Lara Mosch è una paziente ansiosa e si allena tre volte alla settimana nell'ambito di un programma gestito dal reparto di psichiatria dell'ospedale Charité di Berlino. "In realtà, quando si è ansiosi, si ha sempre un livello costante di tensione. Nel momento in cui si fa uno sforzo e la tensione diminuisce, ci si sente rilassati, come un muscolo rilassato", dice la paziente, descrivendo l'effetto dell'allenamento. In questo senso, l'esercizio fisico può anche aiutare a contrastare l'alimentazione emotiva. Poiché gli effetti fisici hanno un impatto anche sulla psiche, l'esercizio fisico regolare migliora l'umore. Di conseguenza, a lungo termine sarà meno stressato e frustrato e meno propenso a sentire l'impulso di ricorrere al cibo come sostituto della soddisfazione.

Quindi si renda conto che lo sport fa bene a lei nel suo complesso e non deve essere finalizzato solo alla riduzione del peso . Qui può anche lavorare con le affermazioni. Cambi il suo schema di pensiero negativo in relazione allo sport e cerchi di dare una nuova prospettiva a una sessione di esercizio regolare. Lo sport non deve essere necessariamente spiacevole, può essere divertente. Si chieda quali aspetti dello sport la infastidiscono e pensi a come poterli cambiare. Ogni corpo è diverso e non tutti i tipi di sport sono adatti a ogni persona. Non deve obbligarsi a fare jogging tre volte alla settimana se non ne vede il valore aggiunto. Forse le piacciono di più i movimenti di danza, quindi la Zumba potrebbe essere un'opzione per lei. O forse desidera rilassarsi di più durante l'esercizio fisico e armonizzare il suo corpo e la sua mente - allora dovrebbe assolutamente provare un corso di yoga.

Lo sport non deve sempre essere programmato specificamente come allenamento; può incorporare una certa quantità di attività fisica nella sua vita quotidiana. Ad esempio, prenda più spesso la bicicletta invece dell'auto o del treno e salga le scale a piedi invece di prendere la scala mobile. Non è necessario essere iscritti a un centro fitness per essere sportivi. L'offerta di sport diversi è enorme e c'è sicuramente qualcosa per tutti. Sì, lo sport può essere praticato sotto forma di esercizi o sul tapis roulant, ma esistono numerosi altri sport, come l'arrampicata, il pattinaggio a rotelle o il ping-pong, che offrono un sano equilibrio di esercizio per il corpo e la mente. Cosa le piace?

Un altro aspetto è il contatto sociale. Se fa regolarmente sport con altre persone, questa regolare interazione sociale può avere un effetto positivo anche sul suo stato d'animo. Inoltre, lo sport praticato all'aria aperta e nella natura è benefico sia per il corpo che per la mente. Pensi a cosa le piace, quali sono i suoi obiettivi e quale tipo di sport le si addice di più. Non si confronti con gli altri, perché ogni corpo ha esigenze diverse e ciò che è importante per lei è ciò che fa bene al suo corpo.

Come mi devo comportare come parente

La situazione è una sfida anche per i parenti delle persone colpite dal comportamento alimentare emotivo. Soprattutto quando l'alimentazione emotiva si trasforma in un disturbo alimentare, i familiari spesso non sanno come comportarsi. Ogni persona e ogni decorso della malattia è diverso, quindi non è possibile dare regole generalizzate in questa sede. Tuttavia, ci sono alcuni consigli che possono rendere più facile il rapporto con le persone colpite. Innanzitutto, spesso non è facile riconoscere il comportamento alimentare emotivo in un'altra persona.

C'è qualcuno nella sua cerchia ristretta che ritiene abbia un comportamento alimentare vistoso? Ma non è sicuro che la sua preoccupazione sia giustificata? Il seguente elenco contiene comportamenti che possono essere segni di alimentazione emotiva e, in casi estremi, di un disturbo alimentare.

Li esamini e osservi se molti dei sintomi corrispondono al comportamento della persona in questione.

- Tutto ruota intorno al cibo, spesso in combinazione con il tema della perdita di peso.
- Le diete vengono organizzate regolarmente.
- L'assunzione di cibo viene controllata in modo che, ad esempio, il cibo venga consumato sempre alla stessa ora.
- Il cibo viene classificato come "buono" e "cattivo".
- Si ricorre regolarmente a scuse per saltare i pasti.
- Il cibo scompare dal frigorifero.

- Le confezioni vuote degli alimenti sono in giro.
- Si pesano molto spesso per monitorare il loro peso.
- Le persone vanno spesso in bagno dopo aver

mangiato.

Nota: i rumori del vomito non sono sempre chiaramente udibili, in quanto spesso sono soffocati dallo sciacquone o dal rubinetto.

- Si possono osservare cambiamenti visibili nel peso (diminuzione, aumento, fluttuazioni di peso).
- Emergono tratti depressivi.

Si verificano molti dei comportamenti sopra descritti e sospetta fortemente che la persona in questione soffra di alimentazione emotiva? Questa situazione non è facile per i familiari, indipendentemente dal fatto che si tratti di un partner, di un figlio, di un fratello o di una sorella o di un buon amico. È quindi del tutto comprensibile se non è sicuro se e come cercare un dialogo.

Solo lei può decidere come agire alla fine, ma nella maggior parte delle situazioni è consigliabile una discussione aperta. È importante che si informi in anticipo e in modo dettagliato sul tema dell'alimentazione emotiva. Questo le permetterà di affrontare la conversazione con informazioni e domande specifiche. Inoltre, con una conoscenza di base sufficiente, avrà la migliore opportunità di dare suggerimenti costruttivi che possano aiutare la persona. Per esempio, si informi sugli indirizzi dei centri di consulenza o dei medici e si offra di accompagnarla. Se decide di parlare con la persona, scelga un momento tranquillo e sia gentile. Non parli in modo superficiale delle sue percezioni e non invii messaggi egoistici.

Quali cambiamenti ha notato nella persona? Quale comportamento la preoccupa? Perché ha l'impressione che la persona non stia bene? Sottolinei che è preoccupato per lo stato mentale della persona e cerchi di non concentrarsi troppo sul peso e sulla dieta.

Dia alla persona l'opportunità di parlare di qualcosa che la preoccupa al momento. Potrebbe essere in grado di farle conoscere l'argomento che scatena il comportamento alimentare vistoso. È anche molto importante che non faccia accuse. Dia alla persona la sensazione di non essere sola e di avere in lei un confidente. Non faccia domande troppo intime, ma si attenga ai messaggi in prima persona. Se la persona interessata ha bisogno di parlare e vuole condividere i suoi sentimenti con lei, lo farà di sua spontanea volontà. Inoltre, le persone colpite tendono spesso a sentirsi ridotte al loro comportamento alimentare vistoso o al loro peso, quindi è importante parlare anche di altre cose quotidiane. Può motivare la persona colpita a cercare una consulenza. Tuttavia, accettare l'aiuto è molto difficile per molte persone e non può essere forzato dall'esterno. Quindi non eserciti alcuna pressione, ma si limiti a offrirla come opzione e sia paziente.

Non la prenda sul personale se la persona reagisce con rabbia o dolore e nega il comportamento di alimentazione emotiva. In questo caso, tale reazione fa parte dei sintomi e non ha nulla a che fare con lei. L'auto-riconoscimento di soffrire di alimentazione emotiva o di un disturbo alimentare è spesso un processo e richiede tempo. Continui quindi ad essere paziente e amorevole.

Se c'è un disturbo alimentare acuto e teme un pericolo fisico, come parente dovrebbe insistere per una visita dal medico. La persona colpita probabilmente reagirà negativamente e non riterrà necessario un esame fisico, poiché le persone che soffrono di un disturbo alimentare di solito hanno perso il senso del proprio corpo. Pertanto, non sono più in grado di valutare la situazione in modo appropriato.

Dovrebbe anche rendersi conto in anticipo che non può costringere nessuno a farsi aiutare. Può solo dare un impulso nella giusta direzione e motivare la persona, ma questa deve essere disposta ad accettare un aiuto esterno. Deve anche rendersi conto che non può e non deve sostituire un terapeuta. Nei casi acuti, lasci il trattamento a un esperto e sia presente per fornire un supporto emotivo durante il processo. Se ritiene che la situazione sia troppo stressante, anche lei come parente ha la possibilità di cercare un supporto professionale sotto forma di terapia.

In generale, i commenti relativi alla linea, al peso e al cibo dovrebbero essere evitati. Per la persona interessata, si tratta di argomenti molto delicati che possono scatenare diversi sentimenti e modelli comportamentali.

A seconda del suo rapporto con la persona colpita, mantenga un contatto regolare con lei. Le persone affette da alimentazione emotiva spesso si ritirano e riducono le interazioni sociali. Hanno anche difficoltà ad ammettere di aver bisogno di aiuto. Un contatto regolare dimostra quindi che lei è presente per la persona e può fornire una distrazione temporanea. Mostra loro che ci sono altre cose oltre a problemi come il cibo e il peso.

Parole conclusive

L'alimentazione emotiva è un fenomeno molto diffuso e, in molti casi, comporta un elevato livello di disagio per chi ne è affetto. Quindi non prenda alla leggera un comportamento alimentare vistoso e ammetta a se stesso se il problema le sta sfuggendo di mano. Non è solo e ci sono numerosi modi per cambiare il suo comportamento alimentare.

Parli con una persona fidata e cerchi di introdurre una maggiore consapevolezza nella sua vita quotidiana. Perché mangia cosa e quando? Si renda conto che l'assunzione di cibo è innanzitutto una fonte di energia per il nostro corpo. Quindi, perché mangia quando non si sente fisicamente affamato? Riconoscere i modelli di pensiero che la portano a mangiare emotivamente e superarli. Trovi uno sport che non solo le faccia bene a livello fisico, ma che le piaccia anche. Utilizzi trucchi e metodi come la formula P.A.U.S.E. e scopra cosa la aiuta di più.

Il suo comportamento alimentare vistoso si è già trasformato in un disturbo alimentare? Ha perso il controllo della sua dieta e del suo peso? Allora si faccia aiutare da un professionista. Contatti i centri di consulenza, i gruppi di auto-aiuto o il suo medico di famiglia. Per quanto difficile possa essere questo passo e per quanto possa costarle fatica, non è sola nella sua situazione e non deve soffrire. C'è aiuto per tutti.

Agisca, perché solo lei ha il potere di cambiare.